AF362769

RÉVOLUTION

DE BERLIN.

RÉCIT COMPLET DES ÉVÉNEMENTS.

Prix . 25 centimes.

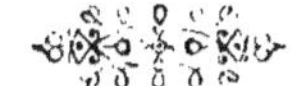

PARIS.

BARBA, **GARNOT,**
4 BIS, RUE DE LA PAIX.   7, RUE PAVÉE SAINT-ANDRÉ.

—

1848.

SAINT-CLOUD. — IMPRIMERIE DE BELIN-MANDAR.

LA

RÉVOLUTION DE BERLIN.

Dans les révolutions, deux choses surtout sont à considérer. Ces deux choses sont : les idées, qui les précèdent et leur survivent jusqu'à ce que le but soit atteint; les faits, soumis aux lois d'une constante instabilité.

Les changements apportés dans l'étendue territoriale des Etats appartiennent à l'ordre des faits ; les modifications introduites dans l'esprit des nations, et, par suite, dans la forme des gouvernements, résultent plus immédiatement des idées.

Trois fois, dans le cours des siècles, la France a été la puissance prépondérante, la suprême régulatrice en Europe : sous Charlemagne, sous Louis XIV, sous Napoléon. L'empire, qu'il ne faut regarder ici que comme un temps d'arrêt dans la marche des idées de la révolution française, ne fut en effet qu'un acte du grand drame moderne. Alors les faits triomphèrent et l'on vit sommeiller les idées; mais aussitôt que les faits que l'on devait croire accomplis se furent évanouis, les idées reprirent leur marche triomphale au milieu des obstacles.

Ainsi peuvent s'expliquer les événements prestigieux dont nous venons d'être témoins presque simultanément dans les diverses contrées de l'Europe et plus particulièrement dans celles dont le contact a été le plus immédiat et le plus prolongé avec la France impériale. Il était naturel qu'après avoir été associés aux faits, les peuples le fussent aux idées. C'est toujours, c'est partout la révolution française, mais modifiée selon le caractère des nations, selon la maturité des peuples, selon la plus ou moins grande aptitude des gouvernements préexistants à reconnaître les implacables lois de la nécessité et à s'y soumettre en temps opportun ; car, on a pu le remarquer, les gouvernements qui s'écroulent marquent toujours leur agonie par des concessions tardives auxquelles il n'est plus possible de supposer d'autre mobile que la peur ; or, la peur grossit le nombre des ennemis de tout ce qu'il y a d'hommes pusillanimes.

Ces observations préliminaires nous ont paru indispensables avant d'entrer dans le domaine des événements, non pas, certes, que nous ayons l'intention de les juger à la distance où nous en sommes, encore bien moins d'influer sur le jugement de nos lecteurs ; mais il est de ces spectacles auxquels il n'est pas possible d'assister de sang-froid, et dont on ne donnerait qu'une idée trop imparfaite si, en racontant les effets on élaguait les causes. Sans entrer dans aucune discussion sur la forme de gouvernement qui conviendra aux populations allemandes, sans peser les avantages pour elles, soit d'une république peut-être prématurée, soit d'une émancipation graduelle et d'abord restreinte, on peut cependant affirmer dès à présent que si la prédiction de Napoléon à Sainte-Hélène touche à son accomplissement, si l'Europe devient cosaque ou république, ce n'est pas cosaque qu'elle sera.

Voyez à ce propos quelle a été la marche progressive des idées révolutionnaires en Europe : la première révolution française n'y trouva que des ennemis ou des antagonistes ; en 1830, il y eut partage entre des indifférences prudentes et des velléités encore intempestives auxquelles même l'esprit de propagande, esprit inutile, sinon nuisible, ne fut peut-être pas étranger ; rien de cela au mois de février 1848.

Quand la révolution eut éclaté à Paris, au moment même où elle recevait l'adhésion de toute la France, elle trouvait des prosélytes et des imitateurs partout où la grande nouvelle en parvenait. Ainsi, elle a à peine franchi le Rhin, que, dès le 29 février, des troubles sérieux se manifestent à Carlsruhe et à Manheim. Des assemblées populaires se réunissent ; de toutes parts on demande : l'armement du peuple avec l'élection libre de ses officiers, la création d'un jury à l'instar du jury d'Angleterre, l'établissement immédiat d'un parlement allemand, et surtout la grande liberté sans laquelle les autres libertés ne sont que des leurres, la liberté illimitée de la presse.

Toutes ces réclamations ont été accordées aux habitants du grand-duché de Bade, et ce fut le premier effet de la révolution du 24 février en Allemagne.

Pendant que ces choses se passaient sur la rive droite du Rhin, dans un pays limitrophe de la nouvelle république française, l'esprit de réforme radicale soufflait son influence conservatrice sur la Belgique. Le gouvernement belge souscrivait à des réclamations pareilles ; la lutte déjà engagée se décidait comme par enchantement en faveur des droits humains, et le roi des Belges, Léopold, affermissait sur son front une couronne chancelante, par cela même qu'il paraissait ne vouloir faire aucun effort pour la conserver contre la volonté du peuple. Alors la Belgique adopta sérieusement le souverain qu'une ébauche de révolution lui avait imposée dix-huit ans auparavant.

On vit successivement et presque simultanément le flot des idées révolutionnaires produire les mêmes effets au cœur et dans tous les membres des royaumes et des principautés d'outre-Rhin à mesure qu'il y pénétra. L'obstination du roi de Hanovre fléchit devant l'instinct de conservation. Dans les deux Hesse, dans le duché de Brunswick, aussi bien qu'à Dresde, à Stuttgard et à Munich, la voix des peuples redemandant leurs libertés primitives fut entendue, et tout cela résultait d'un souffle venu de Paris sur les ailes de la Renommée.

La Bavière, il convient de le faire observer, se trouvait dans une condition exceptionnelle. Les fleurons de sa couronne avaient été récemment flétris par la main d'une courtisane. Le monarque était déconsidéré aux yeux de ses sujets, et cela à une époque où les princes auraient un si grand intérêt à s'environner de l'estime des peuples à défaut de leur amour. Ne pouvant purifier sa couronne, le roi voulut du moins la régénérer en la déposant sur la tête de son fils, qui l'accepta au milieu de tout un cortége de libertés promises.

Dans les diverses contrées de l'Allemagne que nous venons de parcourir à vol d'oiseau, les droits des peuples, ne trouvant presque point d'obstacles sérieux à combattre, purent s'établir et se faire reconnaître sans effusion de sang. Malheureusement il n'en fut pas de même dans la capitale des deux grandes puissances de l'Allemagne, la Prusse et l'Autriche. A Berlin et à Vienne la résistance arma la révolte; la révolte armée triompha, et le pouvoir dut céder sur des monceaux de cadavres ce qu'il lui aurait été si facile et si prudent de donner avant le combat; mais il était écrit que ces mots : *Il est trop tard,* relégués jusqu'ici dans le refrain d'une vieille chanson populaire, deviendrait partout la devise des gouvernements sourds à la voix des peuples.

L'immense importance des révolutions de Berlin et de Vienne, la place qu'elles doivent occuper dans l'histoire de notre miraculeuse époque, où les événements se dévorent au jour le jour; l'influence, déjà ressentie, qu'elles doivent exercer sur les destinées du monde, sur les errements prochains d'une politique toute nouvelle, nous font un devoir d'en consigner séparément les principales phases, non pas avec l'étendue qu'exigeraient de pareils événements, mais d'une manière tout à la fois rapide, succincte et aussi complète que possible. La révolution de Vienne aura son tour ; aujourd'hui nous nous occuperons exclusivement de la révolution de Berlin.

Quand la première nouvelle de la révolution de Paris parvint à Berlin, elle y trouva les esprits déjà en fermentation. Dans cette occurrence, le gouvernement prussien se hâta de déclarer que s'il se préparait à la défensive en cas d'attaque, il n'entendait s'immiscer en rien dans les affaires intérieures de la France, libre de se choisir le gouvernement qui lui conviendrait le mieux. Cependant, ces mots enivrants, de triomphe populaire, de liberté, d'égalité, de fraternité, et bientôt après de république, venus de France en Prusse par la voie des journaux français, électrisèrent les sujets prussiens. La chute d'un roi que le monde entier accusait d'une outrecuidante duplicité quand il était sur le trône, et que l'on ne doit plus accuser de rien depuis qu'il est placé sous la sauve-garde du malheur ; ce châtiment terrible descendu du ciel sur un vieillard et sa famille, tout cela porta les habitants de la Prusse, et notamment les habitants de Berlin, à faire un retour sur leur propre situation ; ils se rappelèrent une foule de promesses de libertés toujours éludées aussitôt que données en pâture à la longanimité du peuple ; ils se demandèrent si la bonne foi était assise sur le trône du grand Frédéric, ou si ce n'était pas plutôt une espèce de prince Pénélope, faisant avorter par d'obscurs subterfuges des concessions faites au grand jour. Ils se répondirent apparemment que ce n'était pas la bonne foi qui régnait en Prusse ; telle est du moins la conclusion que l'on doit tirer des événements déplorables qui suivirent immédiatement.

Cependant, avant d'en venir à ces extrémités, dans une assemblée nombreuse, les habitants de Berlin avaient adressé une pétition à Frédéric-Guillaume ; cette pétition

roulait sur neuf points principaux, parmi lesquels on remarquait, comme dans les réclamations des Badois : la liberté de la presse sans restriction aucune, l'institution du
jury et d'une magistrature indépendante ; et en outre : la
liberté de la parole, la liberté d'association, la réduction de
l'armée, l'armement du peuple avec élection des grades, la
représentation générale de l'Allemagne, la convocation immédiate de la diète, et enfin l'égalité des droits politiques
pour toutes les confessions, pour tous les états, pour toutes
les fortunes.

Le roi de Prusse ne s'était point opposé à cette réunion,
pourvu qu'elle eût lieu d'une manière pacifique et légale ;
la pétition fut reçue. Il lui fut répondu par des promesses
évasives, comme si, en pareilles circonstances, ce n'était
pas perdre du temps que de chercher à en gagner.

On était alors au 7 mars. On se bornait encore à des
plaintes. Le peu d'empressement à calmer les mécontente-
ments suscita des troubles ; ces troubles n'étaient pas encore apaisés le 16, quoique la plupart des concessions ré-
clamées eussent été faites ou arrachées. A cette date, la
bourgeoisie de Berlin était exaspérée contre les militaires ;
ceux-ci, comme s'ils eussent été possédés d'un démon furieux, se ruèrent sur les hommes les plus inoffensifs, les
chassant devant eux à coups de crosse et les blessant avec
des armes blanches. Une garde fut créée dans le but d'in-
tervenir entre les militaires et les bourgeois. Un ordre du
jour du commandant de Berlin exaspéra plus encore que les
jours précédents le peuple contre l'armée et l'armée contre
le peuple. On y lisait que le peuple de Berlin voulait traiter
les soldats prussiens comme le peuple de Paris avait traité
les soldats envoyés pour le soumettre.

Dès le 14 mars une adresse avait été présentée au roi par
le premier magistrat de la ville de Berlin. Il demandait, en
termes fort mesurés, outre la liberté de la presse, la convo-

cation immédiate de la diète. Le roi, dans sa réponse, *en style de conversation*, c'est ainsi qu'il la caractérisa, arbora pour devise : *La liberté des peuples et des rois*, assura que la convocation de la diète était une chose résolue déjà depuis plusieurs jours. Quant aux autres demandes, il les renvoyait à l'examen de la prochaine assemblée de la diète, témoignant d'ailleurs sa satisfaction touchant l'attitude encore à peu près calme de la bourgeoisie et de la population de Berlin. Il termina en invitant les peuples allemands à rester unis, à avoir confiance, afin d'éviter les malheurs que les guerres de révolution leur ont déjà portés une fois.

Tels furent les principaux préliminaires de la révolution sur le point d'éclater, et qui allait ensanglanter la capitale de la Prusse; on y remarquera, nous ne saurions dire quelle fatalité de coïncidence entre les incroyables tergiversations et les concessions tardives des deux gouvernements de Paris et de Berlin. Dans ces deux catastrophes ne retrouvet-on pas visiblement empreint cet esprit d'imprudence et d'erreur qu'un poëte a signalé comme le funeste avant-coureur de la chute des rois, avec cette seule différence qu'il faudrait compter jour par jour à Berlin ce qu'il suffit de compter heure par heure à Paris?

Le 14 mars, Frédéric-Guillaume, conformément à la promesse qu'il en avait faite au premier magistrat de Berlin, s'était en effet hâté de convoquer la diète, mais seulement pour le 27 d'avril suivant. Les peuples ont le droit de ne pas aimer les attermoiements.

Dans la journée du 16, les troubles prirent donc un caractère plus grave, et acquirent le lendemain 17 une intensité nouvelle; on se battit dans les rues et aux approches du palais. On parlait du départ du roi, mais il n'avait pas quitté la capitale; il y était encore le 18, quoique la lutte continuât et grandît de moment en moment.

Par un singulier effet du hasard, ce fut dans cette journée

du 18 que la nouvelle de la révolution de Vienne arriva à Berlin. Frédéric-Guillaume s'en fit un argument, dans un manifeste qu'il publia ce jour même à midi, pour calmer s'il était possible l'effervescence du peuple, en proie à la fureur des soldats. Dans ce manifeste, peut-être trop adroit pour avoir été sincère, le roi, en parlant des événements de Vienne, les signale comme des faits capables de faciliter notablement l'exécution de ses projets en lui imposant l'obligation de la hâter. On y remarquait le paragraphe suivant, qui déjà portait en germe la dissidence qui n'a pas tardé à éclater entre les cabinets de Vienne et de Berlin, dissidence dont nous parlerons ailleurs et qui nous paraît devoir exercer une grande influence sur la prochaine reconstitution de la Pologne en Etat libre et indépendant. Le roi disait donc dans sa proclamation :

« Maintenant, après cet important événement, nous nous sentons poussé à proclamer avant tout devant le peuple, non-seulement de Prusse, mais de toute l'Allemagne bientôt unie, s'il plaît à Dieu, les propositions que nous avons résolu de soumettre à nos confédérés allemands. »

C'était détourner la question personnelle en la généralisant. Le roi ajoutait :

« Avant tout, nous demandons que, au lieu d'une confédération d'Etats, l'Allemagne devienne un Etat confédéré. »

Ce serait purement et simplement la réédification du vieil empire germanique sous le patronage de la maison de Brandebourg à l'exclusion de la maison d'Autriche.

« Nous reconnaissons que ceci nécessite une réorganisation de la constitution fédérale qui ne peut avoir lieu que par le concours des princes et des peuples, qu'une constitution fédérale de tous les pays allemands et embrassant toutes les classes des peuples doit donc être immédiatement convoquée. Nous reconnaissons que cette représentation fédérale entraîne nécessairement l'organisation constitution-

nelle de tous les pays allemands, afin que tous les membres
de la représentation siégent sur le même rang, dans une par-
faite égalité. »

En même temps le roi promulguait une loi en vertu de
laquelle il abolissait la censure, fixait les conditions de
la liberté de la presse et suspendait l'exécution des peines
prononcées contre les délits de presse.

Jusque-là le mal avait été grand sans doute ; on avait à dé-
plorer un nombre toujours trop considérable de morts et de
blessés, mais enfin les avantages de la lutte étaient restés du
côté du peuple que la publication officielle de ces nouvelles
combla de joie. Il y eut un moment d'abandon et d'enthou-
siasme. Le roi avait paru au balcon du palais, où sa présence
fut saluée par des applaudissements frénétiques. On appre-
nait en même temps que les membres rétrogrades du cabinet
se retiraient et étaient remplacés par les chefs de l'oppo-
sition.

Tout semblait donc terminé comme à Paris dans la soirée
du 23 février : mais, comme à Paris aussi, un hasard, un
mal-entendu, un malheur semblable à celui de l'hôtel des Ca-
pucines remit tout en question. Sans cause apparente, sans
aucun motif connu, sans l'ombre d'une provocation, une
charge de dragons fit naître une nouvelle et vive résistance.
Le peuple reprit l'offensive, furieux de se croire trompé ;
il recourut à ses barricades que déjà il commençait à abattre ;
la voix tonnante du canon se fit entendre, et de vastes incen-
dies illuminèrent divers quartiers de la ville, notamment
le quartier de la Charité.

Deux heures avaient suffi pour que tout Berlin fût insurgé ;
partout on entendait les cris : Aux armes ! aux armes ! Devant la Banque, deux soldats ayant fait feu furent immédiatement massacrés ; un officier aussi, qui commanda le feu,
fut mis en lambeaux par le peuple. Le combat devint
acharné ; on compta plusieurs centaines de morts, et le

peuple déclara qu'il ne déposerait les armes qu'après la complète évacuation des troupes de la garnison et leur remplacement par la landwehr.

La nuit du 18 au 19 fut terrible. Le tocsin sonna ; les étudiants s'armèrent et se mirent à la tête de la multitude qu'ils dirigèrent. Toute la bourgeoisie, tous les habitants se précipitèrent dans la lutte. Bientôt toutes les rues furent dépavées et au sommet de gigantesques barricades on vit flotter le drapeau allemand, rouge, noir et or. Partout la troupe était tenue en échec ; tandis que du haut des maisons pleuvaient sur elle des pierres et des tuiles, des feux bien nourris ripostaient à ses feux de peloton, et les arquebusiers de la garde passèrent dans les rangs du peuple.

Le combat dura ainsi jusqu'au 19 à dix heures du matin. S'il s'était encore prolongé, si Frédéric avait persisté plus longtemps dans la lutte, nul doute que la similitude eût été complète avec la révolution de Paris. C'en était fait de son règne, mais enfin il céda avant que sa cause fût tout à fait perdue ; il ordonna aux troupes d'évacuer la ville et publia une proclamation dont le ton suppliant contrastait singulièrement avec le *style de conversation* de quelques jours auparavant.

« Mes chers Berlinois, disait-il en terminant, revenez à la paix, enlevez les barricades qui subsistent encore ; envoyezmoi des hommes animés du véritable esprit berlinois. Je vous donne ma parole royale que toutes les rues et les places vont être immédiatement dégarnies des troupes, et qu'il ne restera plus de garnison que dans le château et dans l'arsenal, et *même pour très-peu de temps*.

» Ecoutez la voix paternelle de votre roi, habitants de mon fidèle et beau Berlin. Oubliez ce qui s'est passé comme je l'oublierai moi-même, pour l'amour du grand avenir que la bénédiction de Dieu prépare à la Prusse, et par la Prusse à toute l'Allemagne.

» Votre reine qui vous aime, qui est votre fidèle mère et amie, cruellement atteinte par les souffrances, vous conjure avec moi, et unit ses prières et ses larmes aux miennes. »

Des prières et des larmes ! Comment les habitants de Berlin ne se seraient-ils pas laissé toucher et désarmer par des paroles que l'extrême adversité seule place dans le vocabulaire des rois, dans un pays surtout où depuis longtemps chacun porte dans son cœur l'amour et le respect de ses princes ! Le ministère, auquel l'usage veut que l'on attribue tous les malheurs du peuple, fut intégralement changé et recomposé d'hommes populaires ; toute la population fut légalement armée ; le roi ne tarda pas à lui confier la garde de sa personne et de sa famille. De solennels honneurs funèbres furent rendus aux victimes de ces cruelles journées après que les cadavres, dont le nombre n'est pas évalué à moins de trois cents, eurent été embaumés, triste consolation offerte à la vanité plus qu'à la douleur des familles que le meurtre a plongées dans le deuil et la désolation ; ovations funèbres où triomphe surtout l'orgueil du parti vainqueur.

La révolution de Berlin n'avait pour but ni un changement de dynastie, ni même un changement radical dans le système du gouvernement ; le besoin même d'obtenir enfin des libertés montrées depuis si longtemps en perspective, n'est qu'une des causes. On se battit pour détruire la suprématie de l'état militaire sur l'état civil ; de là, sans doute, l'acharnement des soldats sortis des rangs du peuple contre le peuple lui-même. Ce fut si bien l'esprit dominant des habitants de Berlin, que le peuple après avoir arrosé de son sang la conquête de ce principe voulut la conserver intacte en ne permettant pas que les cendres des victimes fussent confondues. Il n'admit pas l'égalité dans la mort. Le catafalque où gissaient les corps des soldats tués dut sortir furtivement de Berlin pendant la nuit, tandis qu'un convoi splendide conduisit en plein soleil à leur dernière demeure les cadavres des enfants de Berlin. Le cortége, suivi de toute la population, passa devant le palais où le roi s'était mis à son balcon pour rendre un tardif hommage à tant de victimes d'une volonté toujours en retard.

Depuis ces événements, des bruits non fondés ont été répandus et presque aussitôt démentis. On a dit Frédéric-Guillaume en fuite, il s'est montré à pied au jardin des plantes où le peuple l'a accompagné de manifestations bienveillantes; on a prétendu que Berlin s'était déclaré en république, il n'en était rien, et d'ailleurs par cette supposition c'était mal connaître l'esprit de la Prusse, quelle que soit l'incohérence qui existe entre les diverses provinces dont se compose la monarchie prussienne. Sans doute de profondes animosités règnent encore dans bien des cœurs ; sans doute un calme complet n'a pas pu succéder immédiatement à des secousses aussi violentes. Comme la plupart des Etats de l'Europe où la guerre civile a suspendu le cours de ses fureurs, la Prusse est dans un état d'expectative inquiète. Elle subit le sort du monde politique voué pour longtemps aux agitations, car il n'existe aujourd'hui de tranquillité que là où l'on prend la lassitude pour le repos.